ÉTUDES FRANCISCAINES

ÉTUDES

FRANCISCAINES

PUBLIÉES

SOUS LA DIRECTION DES FRÈRES MINEURS CAPUCINS

PROGRAMME

PARIS

ŒUVRE DE SAINT-FRANÇOIS D'ASSISE

11, RUE D'ASSAS, 11

Imprimatur

Nannetis 2 Augusti 1898.

F. ADULPHUS, A BOUZILLÉ

MIN. PROVINCIALIS.

AU RÉVÉRENDISSIME PÈRE

BERNARD D'ANDERMATT

MINISTRE GÉNÉRAL DES FRÈRES MINEURS CAPUCINS

AUX TT. RR. PP. MINISTRES PROVINCIAUX

DU MÊME ORDRE

AUX COLLABORATEURS DES ÉTUDES FRANCISCAINES

Le travail que nous soumettons à vos Paternités aurait dû paraître depuis quelques mois ; des circonstances imprévues en ont retardé la publication ; ce retard a pu faire croire au découragement ; grâce à Dieu, il n'en est rien ! Le simple exposé sur lequel nous attirons votre attention dissipera, nous l'espérons, toute crainte, et confirmera les résolutions déjà prises.

*Pour former un tout complet, il nous a paru utile de revenir sur quelques-unes des pensées de l'*Avant-Projet *que nous avons eu l'honneur de vous présenter l'année dernière ; dans son ensemble, cet avant-projet n'avait ni la clarté, ni l'ampleur désirables ; s'il nous procura des adhésions, il souleva aussi des observations qui nous ont permis de préciser davantage une pensée qui ne se dégageait pas suffisamment. Les pages qui vont suivre vous rediront l'utilité et la possibilité de nos Études Franciscaines, en même temps qu'elles vous feront connaître* *l'historique, l'organisation et le programme définitif. A la suite se trouvera un schema des questions soumises à l'étude de nos collaborateurs.*

En implorant de nouveau la bienveillante sympathie de vos Paternités pour une œuvre toute franciscaine, le signataire aime à se redire, avec la plus vive gratitude et la plus profonde obéissance,

Votre très humble fils et serviteur en N. S.

F. Eugène, d'Oisy.

O. M. C.

I

Utilité des Études Franciscaines

Il fut un temps où le monde chrétien se trouvait imprégné des idées et des vertus séraphiques. C'est que nos religieux agissaient puissamment sur les masses par leurs prédications et leurs exemples, et qu'ils s'emparaient des esprits par des ouvrages pleins de science et d'érudition. Que l'on parcoure nos bibliothèques, on y verra réunis les livres admirables des Bonaventure et des Antoine de Padoue, des Scot et des Roger Bacon, des Bernardin de Sienne et des Léonard de Port-Maurice, des Louis d'Argentan et de tant d'autres dont la liste serait immense.

Alors, l'École Franciscaine comptait pour beaucoup ; ses doctrines pesaient dans la balance des opinions et souvent entraînaient les préférences. Alors, ceux qui vivaient sous la Règle du Patriarche d'Assise avaient pour nourrir leur esprit des livres nombreux et parfaitement appropriés à leurs besoins. Aussi, serait-ce une erreur de croire que nos Pères aient négligé la Presse. Ils connaissaient le proverbe : les paroles passent, les écrits restent, et comme ils voulaient que leur doctrine restât et qu'elle pénétrât les masses, ils eurent soin de condenser leur savoir dans des travaux dignes de notre admiration.

L'exemple du passé doit nous instruire et nous encourager. Il est vrai qu'en ce siècle il nous eut été difficile de tourner nos efforts de ce côté ; la Révolution ayant tout détruit, il fallait tout reconstruire ; jusqu'à présent, ce travail de reconstitution nous a absorbé, et si nous avons composé quelques travaux d'érudition, ce n'a pas été sans détriment pour d'autres œuvres.

Mais aujourd'hui nos religieux ont repris leur place ; les fondations sont assurées et les travaux apostoliques se poursuivent avec régularité. Cette tranquillité relative durera-t-elle ? Dieu le sait ! Toujours est-il que l'heure paraît venue de marcher en avant et de reconquérir le terrain en reprenant non seulement l'influence morale mais encore l'influence doctrinale. Or, pour y arriver, la prédication ne suffit pas ; la prédication, en effet, est par nature fugitive et mobile ; la plume doit venir au secours de la parole, pour donner à la doctrine plus de fixité et de durée, plus d'extension et de profondeur.

Il serait donc utile de consacrer un certain nombre de religieux aux travaux d'érudition ; ils éclaireraient ainsi les âmes, les attireraient à saint François et leur donneraient l'aliment qu'elles réclament. N'est-il pas vrai que si l'on ne se hâte de leur donner cette nourriture spirituelle elles ne tarderont pas à nous quitter pour suivre d'autres maîtres ? Si, au contraire, nous prenons la peine de les nourrir par une bonne doctrine, alors ces âmes marcheront avec joie sous notre conduite. Le monde va vers ceux qui pensent et qui agissent ; il viendra vers nous s'il voit chez nous la manifestation de la pensée et de l'action, aussi est-ce en écrivant et en publiant que nous pourrons avoir sur lui une influence plus réelle.

Cela est vrai, surtout à notre époque où la Presse semble être l'unique force qui conduit le monde. De tous côtés on le comprend, et voici que les religieux, entrant dans le mouvement, travaillent par leurs écrits à la défense et à la propagation de la foi chrétienne.

Les enfants de saint François ne sauraient rester en arrière ni refuser leur concours à une œuvre absolument indispensable de nos jours. Ils reprendront par conséquent la place de leurs devanciers, ils nous donneront, dans des ouvrages soigneusement élaborés, la belle doctrine franciscaine ; et cette doctrine deviendra un principe d'action pour tous ceux qui marchent sous l'étendard du séraphique Père.

Aucune forme de la Presse ne leur sera étrangère, toutes ces formes répondant à des nécessités ; mais il en est une qui attirera plus spécialement leur attention, parce qu'elle est entrée dans nos mœurs et qu'elle semble indispensable à notre génération active et mouvementée. Vous avez nommé les *Revues*.

L'utilité particulière des revues et leur influence sont trop reconnues, pour qu'il soit utile de les démontrer. Aujourd'hui il n'est pas une institution, pas une catégorie de citoyens, pas une science ou un art qui n'ait à son service une ou plusieurs publications de ce genre. La revue, dans notre vie moderne, est l'instrument indispensable de toute recherche et de toute vulgarisation.

Cette utilité a été admise par nos Pères, et c'est pourquoi ils ont déjà créé plusieurs périodiques destinées au Tiers-Ordre. Mais notre sphère d'action grandissant, il est convenable de pourvoir à des besoins nouveaux par la fondation d'une revue plus importante.

Depuis quelque temps cette pensée se faisait jour et se mûrissait ; voici enfin qu'elle va se réaliser par l'apparition des *Études franciscaines*, dont nous allons entretenir nos lecteurs.

A quoi bon, dira-t-on, une nouvelle revue, n'avons-nous pas assez de publications parfaitement rédigées et répondant à tous les désirs ? Déjà, il faut en convenir, il existe un grand nombre de revues catholiques, mais si grand qu'en soit leur nombre, si démontrée qu'en soit la valeur, il n'en est pas qui fasse entendre la note franciscaine et qui paraisse se souvenir qu'il y a chez nous une École digne d'être écoutée. Ce silence est une raison sérieuse de fonder un organe destiné à faire connaître les traditions de l'Ordre.

Fort bien ! ajoutera-t-on ; cependant n'avons-nous pas déjà chez nous assez de publications ? Oui ! il serait facile d'en citer une dizaine imprimées en français. Mais quelque soit leur mérite, il n'en est encore aucune qui soit spécialement écrite pour les religieux, les prêtres, les directeurs et les âmes d'une culture intellectuelle plus élevée ; il n'en est aucune qui soit conçue avec un programme assez vaste pour réunir dans une même action tant d'âmes qui vivent de la vie séraphique ; il n'en est aucune qui cherche à passer au-dessus du public restreint auquel elle est destinée pour s'adresser à cet autre public du dehors qu'il faudrait atteindre et gagner. Par la force des choses, nos publications du Tiers-Ordre restent locales ou provinciales, elles sont limitées, et quant à la nature des sujets traités et quant à leur étendue (1).

Pour tous ces motifs, la fondation d'une revue plus importante est opportune, aussi ne nous étonnons pas qu'il en ait été question en différentes circonstances.

On a compris qu'à l'exemple des Bénédictins, des Dominicains, des Jésuites, des Rédemptoristes et des Assomptionnistes, l'Ordre franciscain devait avoir sa tribune. On a compris qu'il fallait mieux que des publications restreintes qui, pour excellentes qu'elles soient, ne satisfont pas tous les esprits studieux. Enfin on a compris que sous peine de déchéance, il fallait un périodique aux allures plus larges et plus scientifiques, où les sujets traités par des hommes compétents prendraient toute la valeur qui leur convient.

De là à créer un nouvel organe il n'y avait qu'un pas; ce pas nous avons voulu le franchir, et c'est pourquoi, avec l'autorisation des supérieurs, nous nous proposons de commencer en janvier prochain, s'il plaît à Dieu, la publication des *Études franciscaines*.

(1) Que l'on ne craigne pas ! L'apparition des *Études* ne nuira pas à nos autres revues. Les études franciscaines, en effet, s'adressent à un public différent, disséminé un peu partout; en s'y abonnant on ne sera pas dispensé de recevoir les publications particulières utiles à nos Fraternités, et si des défections se produisaient, elles ne seraient pas assez nombreuses pour causer un détriment. Bien plus l'apparition des *Études* sera, pour nos publications, un principe de développement, en ce sens que, faisant mieux connaître saint François, elles étendront le champ de son action.

II

Possibilité et succès des Études Franciscaines.

La fondation de nos études se présente avec tous les caractères d'une incontestable utilité ; mais possède-t-elle l'assurance du succès?

Voici ce qu'on lisait déjà dans l'*Avant-projet* : « Nous « ne pouvons croire que les communautés du premier « Ordre restent indifférentes à une tentative qui doit leur « être bienfaisante ; nous ne pouvons croire que tant de « prêtres, tant de directeurs se désintéressent d'une publi- « cation destinée à leur venir en aide ; nous ne pouvons « croire enfin, qu'après tant de bonnes volontés mani- « festées, il soit difficile d'atteindre et de surpasser le *mi-* « *nimum* d'abonnements nécessaires. »

Ce qui avait été prévu s'est réalisé, et personne, parmi ceux qui ont eu connaissance du projet, n'est resté indifférent ; au contraire, dès que l'annonce en eût été faite, de tous côtés sont arrivés de précieux encouragements. Sans doute, on nous demandait de marcher à coup sûr et muni de tous les éléments de succès ; mais au milieu des conseils dictés par la sympathie, il eût été impossible de saisir une parole décourageante.

Qu'il soit permis de citer le passage d'une lettre écrite par le révérendissime P. Bernard d'Andermatt, notre général ; ce passage exprimait bien les sentiments de tous : « Nous avons l'espoir que votre réunion de novembre et « les expériences de l'avenir accorderont toute chose pour « le mieux, et que la Revue projetée tournera à la plus « grande gloire de Dieu, à l'honneur et à l'avantage de « la cause franciscaine. Dans cette prévision nous bénis- « sons volontiers l'œuvre que vous allez entreprendre » (1).

(1) Lettre au T. R. P. Adolphe de Bouzillé, ministre provincial de Paris.

Ces premiers encouragements, tempérés par des avis de prudence, nous portèrent à examiner de plus près les prévisions pessimistes qui ne manquèrent pas de nous être signalées, et nous nous demandâmes si au premier élan n'allait pas succéder l'indifférence et l'abandon ?

A vrai dire, nul ne peut répondre de l'avenir ; mais si les initiateurs de nos revues s'étaient laissés arrêter par la crainte du lendemain, aucune n'aurait vu le jour, aucune ne se serait maintenue. Il y a dans toute entreprise des problèmes que seule l'expérience résout ; aussi bien, en s'arrêtant obstinément aux points d'interrogation, on n'obtiendra jamais la solution d'aucune difficulté. Il faut tenter pour réussir ; c'est pourquoi, sans bannir toute crainte, nous préférons espérer.

Toutefois il ne s'agissait pas de se lancer à l'aventure. Pour rendre probable le succès, il fallait que les études obtinssent le concours des Ministres provinciaux. Or ce concours sollicité fut pleinement accordé, et l'empressement avec lequel il fut donné démontre que nous pouvons compter sur un appui constant et actif.

D'un autre côté, pour que les *Études franciscaines* fussent possibles, il était indispensable de réunir dans une collaboration commune un nombre suffisant d'écrivains ; c'est en cela surtout que l'aide de nos supérieurs a été précieux. Ils ont fait appel aux bonnes volontés, et de suite ces bonnes volontés se sont mises à notre disposition avec une bienveillance que l'on ne saurait trop reconnaître.

Plus tard on verra s'il n'y aurait pas lieu de distraire des religieux des travaux ordinaires, pour les consacrer exclusivement aux travaux intellectuels. Quoi qu'il en puisse être, nous possédons déjà une collaboration nombreuse, et de plus, très sérieuse.

« Il nous faut, pour les *Études franciscaines*(1), autant que possible des travaux irréprochables, des travaux qui

(1) Avant-projet, page 12.

aient les qualités requises dans une publication de ce genre : sûreté de doctrine, précision des idées, clarté de l'exposition, vigueur du raisonnement, le tout dans un langage qui donne plus de relief et de charme à la pensée. »

Telles sont les qualités idéales d'une revue ; pour les obtenir, il est nécessaire d'avoir de bons collaborateurs ; or, en parcourant la liste donnée plus loin, on verra qu'ils ne font pas défaut. Ce n'est pas que tous aient la même trempe d'esprit ni le même genre de connaissances ; mais ce n'est ni indispensable ni désirable. Dans une revue, en effet, s'il est des travaux exigeant une compétence particulière, il en est d'accessibles à la généralité des écrivains. Parmi les collaborateurs désignés, nous avons des lecteurs, des professeurs, des docteurs, des écrivains qui déjà ont fait leurs preuves, nous avons des hommes qui ont longuement étudié les questions pour lesquelles leur collaboration est demandée ; par conséquent de ce côté l'on peut être rassuré. Admettons, à la rigueur, que le concours des collaborateurs ne soit pas toujours très actif, puisque plusieurs ont des emplois absorbants, admettons qu'un mieux soit désirable ! Cependant est-ce une chimère d'espérer un avenir meilleur et de compter sur des recrues nouvelles suscitées par le mouvement des *Études ?* D'ailleurs que l'on ne craigne pas, la Direction n'ira pas à la légère ; les supérieurs sont là pour la guider et, fidèle à ses promesses, elle commencera sa publication le jour seulement où elle possédera des travaux suffisants pour assurer le lendemain : or ce jour n'est pas éloigné. Dans de telles conditions aucun échec n'est à redouter.

L'avenir d'une revue ne repose pas uniquement sur le nombre et la valeur des rédacteurs, mais en bonne partie sur la direction, direction qui doit être intelligente et dévouée. Alors qu'il s'agissait de réunir dans une même collaboration toutes les obédiences du premier Ordre, la question était délicate ; mais depuis que les Frères-Mineurs se sont retirés, elle est devenue plus facile. Par la cordiale entente des Supérieurs de nos Provinces capucines, la direction a été constituée ; on en verra plus loin le fonctionnement. Le temps démontrera si cette direction jouit des qualités voulues. Dès maintenant, il est permis de croire qu'elle ne négligera rien pour le succès d'une œuvre qui lui tient tant à cœur, et comme la direction reste sous l'absolue dépendance des PP. Provinciaux, il sera facile de la modifier. Le point important est de marcher avec ce que l'on a; après l'on pourvoira aux améliorations désirables.

Pour achever de se rendre compte du succès probable des *Études franciscaines*, un dernier problème reste à résoudre. Ce problème se traduira par un simple point d'interrogation : et les abonnés ? Avec un prix d'abonnement de 12 francs, et en donnant chaque mois un fascicule minimum de 112 pages, il faut au moins 700 abonnés. Or, si la revue est convenablement rédigée, il ne sera pas difficile de surpasser ce chiffre. Il suffira que chacun de nos couvents capucins de France et de Belgique nous procure une moyenne de 6 à 10 abonnements. Si nous en jugeons par les couvents qui nous ont envoyé leurs prévisions, ce résultat sera dépassé. Afin d'avoir une certitude et pour ne pas nous exposer à des imprévus fâcheux, nous prions les RR. PP. Gardiens de nous envoyer au plut tôt la liste des personnes susceptibles de s'abonner.

De tout ce qui précède, n'est-on pas en droit de conclure à la possibilité et au succès probable des *Études franciscaines* ?

Jusqu'à présent, nous nous sommes tenu dans le domaine de la théorie ; il est bon d'envisager la question sous un autre aspect ; c'est pourquoi nous allons donner l'historique de la fondation.

III

Historique de la fondation des « Études franciscaines »

Le projet dont nous venons de montrer l'utilité et la possibilité, fut lancé au mois d'août 1897 ; le 20 de ce mois se réunissait à Nîmes un Congrès du Tiers-Ordre ; à cette occasion, les Pères Provinciaux des différentes branches devaient se rencontrer : la circonstance parut favorable pour les entretenir d'une idée dont ils étaient les juges compétents. L'*Avant-projet* leur fut donc envoyé, et il reçut de leur part le meilleur accueil.

Saisis officiellement par le T. R. P. Adolphe de Bouzillé, les Provinciaux se réunissaient le mercredi 24 août. Le Révérendissime Père David Flemming, président du Congrès, était présent ; à ses côtés se trouvaient les TT. RR. PP. Ferdinand, Provincial des Récollets de Mâcon, Exupère de Prats de Mollo, Provincial des Capucins de Toulouse ; Adolphe de Bouzillé, Provincial des Capucins de Paris ; Émilien de Vallecale, Provincial des Capucins de Corse, et les RR. PP. Camille de la Roche et Damase de Loisey, représentant, l'un, les Capucins de Savoie, l'autre les Capucins de Lyon.

Cette réunion ne put traiter d'une manière approfondie la proposition qui lui était soumise, mais elle admit l'utilité et l'opportunité des *Études franciscaines*, et elle reconnut qu'il était nécessaire de fournir à nos religieux et à nos tertiaires un nouvel élément de vie. La fondation des *Études* étant admise en principe, il fut convenu qu'une nouvelle réunion aurait lieu afin de permettre aux PP. Provinciaux d'étudier le mode d'organisation et de fixer le programme. Cette détermination était naturelle, et pourtant des indices nous faisaient craindre que la future assemblée ne sanctionna pas l'acceptation de la première.

La réunion fut convoquée à Paris pour le 9 novembre 1897. Les cinq provinces françaises de notre branche étaient représentées par trois provinciaux et deux délégués. C'étaient les TT. RR. PP. Adolphe de Bouzillé, Raphael de la Roche, Émilien de Vallecale, Jean-Baptiste de Saint-Étienne et Eustache de la Rochelle. Aucun provincial des Frères-Mineurs ne s'y trouvait ; deux Pères seulement représentaient trois de leurs Provinces. C'étaient le T. R. P. Gonzague, pour les provinces de Paris et de Bordeaux, et le T. R. P. Bonaventure pour la province de Mâcon. La province de Caen s'était fait excuser.

Les membres de cette seconde assemblée affirmèrent de nouveau leur pleine adhésion à la fondation de la revue. Nous ne relaterons pas ici les discussions qui eurent lieu au sujet du Programme et de la Direction. Notons seulement que le P. Bonaventure, au nom du T. R. P. Ferdinand, exprima avec insistance le désir de voir nos études s'occuper davantage d'économie sociale. C'était, dit-il, le moyen de produire le bien et d'intéresser plus vivement les lecteurs. L'assemblée, tout en admettant l'utilité de pareilles études, exprima la volonté qu'on ne les traitât qu'avec une grande modération. Cette discussion devait être signalée ; elle nous explique en partie le revirement qui allait se produire.

Comment les TT. RR. PP. Provinciaux des Frères-Mineurs se détachèrent-ils peu à peu de notre cause ? Nous n'avons pas à le rechercher. Le 15 décembre 1897, le T. R. P. Othon nous faisait écrire par son secrétaire que la définition de sa province avait jugé à propos de se retirer du Comité des *Études franciscaines*. Enfin, le 28 décembre suivant, les quatre provinciaux de Paris, de Bordeaux, de Mâcon et de Caen, réunis à Paris, prenaient à ce sujet une détermination ainsi conçue :

« 3e Résolution : *Études franciscaines*. On a agité la question d'une revue s'adressant à une classe plus cultivée, dont le projet nous a été présenté par les RR. PP. Capucins :

« 1° On a d'abord convenu que nous devions tous adhérer à cette revue, ou tous nous retirer ;

« 2° On a débattu le pour et le contre de cette entente avec les RR. PP. Capucins pour une action commune ;

« 3° L'opinion qu'il vaut mieux nous retirer a prévalu et a été adoptée ;

« 4° Il a été cependant bien convenu qu'on se montrerait sympathique à cette revue, qu'on s'y abonnerait et qu'on lui procurerait autant que possible des abonnements, tant quelle demeurerait fidèle à la vérité historique. »

Telle est la réponse qui nous fut faite. Il ne sera pas inutile d'en consigner les motifs ; ils nous furent donnés par le regretté Père Marie-Arsène, Provincial des Frères-Mineurs de Paris.

Premièrement, les Congrès franciscains avaient créé entre nous un courant de paix qu'il ne fallait point entraver en essayant de mener ensemble une œuvre qui un jour ou l'autre produirait des dissentiments.

Pour le bien de l'union les Frères-Mineurs se retiraient donc.

En second lieu, on avait été mécontent d'un article (bien inoffensif) publié dans l'*Écho de Saint-François et de Saint-Antoine*, sous ce titre : « A propos d'une discussion du Congrès de Nîmes ». De là encore, et peut-être pour d'autres raisons, le désistement des Frères-Mineurs.

Ici nous ne chercherons pas à nous justifier d'avoir essayé une entente avec des Frères d'une autre obédience ; il nous eût répugné d'entreprendre une œuvre comme celle des *Études franciscaines* sans les convier à prendre leur part de collaboration, le terrain choisi nous paraissant très propre à réunir toutes les bonnes volontés ; mais puisque nos Frères ont préféré se retirer, nous n'en resterons pas moins unis dans la charité.

Après le désistement des Frères-Mineurs nous étions livrés à nos propres forces. Dans ces conditions, il était naturel de se demander s'il nous était possible de continuer la fondation projetée. Il ne fut pas difficile de comprendre

que si la situation s'était modifiée dans le sens d'une action commune, elle n'avait pas sensiblement changé au point de vue des résultats. La retraite des Frères-Mineurs nous enlevait une partie des abonnés, ainsi qu'une collaboration plus ou moins active, mais, tout compte fait, il nous était possible de marcher seuls.

Pourtant, une nouvelle réunion du Comité devenait nécessaire ; l'assemblée de novembre avait laissé plusieurs points indécis ; rien de précis surtout n'avait été déterminé pour la Direction et pour le Programme. Aussi, fallait-il prendre une décision définitive.

Le 26 janvier 1898, les TT. RR. PP. Provinciaux, Capucins de France et de Belgique, se réunirent dans notre couvent de la rue de la Santé, à Paris. Cette réunion fut heureuse, elle fixa enfin la marche à suivre pour l'avenir. Avant de prendre leurs décisions, les membres du Comité examinèrent scrupuleusement les objections que le projet avait fait naître, ils écoutèrent les observations si prudentes de notre Révérendissime Père Général et ils étudièrent avec un soin tout particulier le but qu'il fallait atteindre. C'est donc après une délibération sérieuse que furent arrêtés et le fonctionnement et la nature des *Études franciscaines*.

Il reste à consigner les décisions prises sur deux points importants.

IV

Fonctionnement des « Études franciscaines »

La valeur d'une revue dépend en grande partie de son organisation ; il arrive parfois qu'elle se maintient par la seule initiative d'un homme qui suscite avec à-propos les travaux utiles. Mais un homme capable de suffire à une telle besogne est rare. Aussi la plupart des revues ont-elles une organisation moins personnelle qui, en partageant les responsabilités, facilite le travail. Nous nous sommes rendu compte du fonctionnement de plusieurs périodiques et nous avons toujours constaté un comité de rédaction plus ou moins nombreux.

Voici quelle est l'organisation d'une importante revue catholique : La revue est placée sous la direction d'un religieux nommé par les PP. Provinciaux. Le Directeur se met en rapport avec les collaborateurs et provoque les travaux opportuns ou dissuade de ceux qui ne paraissent pas utiles. Il reçoit les articles, en fait une première lecture, en apprécie la valeur et les accepte ou les refuse comme il juge bon. Son pouvoir est plutôt négatif, il ne devient positif que lorsqu'il est uni à son conseil. La Rédaction est composée d'une dizaine de religieux exclusivement consacrés à ce genre de travail, et qui résident habituellement ensemble. Quatre parmi eux sont choisis pour former le Conseil des Consulteurs, un par chacune des Provinces. Les travaux acceptés en premier lieu par le Directeur sont confiés à l'un des consulteurs ; celui-ci établit son rapport ; en fait connaître les conclusions au Conseil qui statue sur la valeur doctrinale et littéraire des articles. L'acceptation d'un article par le Conseil ne lie pas le Directeur, il reste encore juge de l'opportunité de la publication. Cette organisation est forte, mais elle n'est possible que si l'on dispose d'un personnel nombreux.

En voilà une autre plus simple ; il s'agit toujours d'une importante revue catholique. Tout repose sur deux hommes dont l'un réside en Suisse, l'autre à Paris. De l'activité et de l'entente de ces deux religieux dépend l'avenir de la revue. Il paraîtrait, à ce que nous disait l'un deux, qu'il n'est pas difficile de conduire une œuvre semblable, pourvu que l'on ait autour de soi des collaborateurs dévoués. Cette dernière combinaison n'est pourtant pratique qu'à la condition d'avoir à la tête des hommes d'une vaste science et bien organisés pour le travail.

Le meilleur serait de prendre un juste milieu et de composer la Direction avec un personnel assez nombreux pour conduire l'œuvre à bonne fin. C'est ce que les TT. RR. PP. ont voulu faire dans la mesure du possible : donnons leurs décisions.

Direction et Collaboration

1° La Direction des *Études franciscaines* est constituée par un Comité général et par une Commission permanente ;

2° Le Comité général est de droit composé par chacun des Provinciaux de toutes les Provinces capucines de langue française ;

3° Le Comité général conserve la haute direction ; il lui appartient d'indiquer la marche à suivre et de faire toutes les observations convenables ;

4° Le Comité général organise comme il l'entend la Commission permanente et vérifie au besoin sa gestion financière ;

5° Le Comité se réunit quand il le juge convenable ;

6° La Commission permanente est organisée, comme il vient d'être dit, par le Comité général : actuellement elle est composée du Directeur des *Études franciscaines*, des Consulteurs résidents et des correspondants de Province ;

7° Le *Directeur* est nommé par tous les PP. Provinciaux. Il lui appartient de promouvoir les travaux, de les examiner ou de les faire examiner par des examinateurs compétents et de les publier s'il y a lieu ;

8° Les *Consulteurs*, résidant à Paris, sont choisis par le T. R. P. Provincial de Paris ; leur office est d'aider de leurs conseils le Directeur, qui doit les consulter sur les les affaires plus importantes ;

9° Les *Correspondants* des Provinces sont choisis par leurs Provinciaux respectifs qui les désignent pour faire officiellement partie de la Commission permanente. L'office des Correspondants est de servir d'intermédiaire entre la Direction de Paris et les Provinces. Les Correspondants doivent promouvoir autour d'eux les travaux utiles ; ils peuvent examiner ou faire examiner ces travaux avant de les envoyer à la Direction de Paris. Les Correspondants s'entendent encore avec la Direction pour tout ce qui regarde la propagande et les améliorations désirables ;

10° Les membres de la Commission permanente pourront, en temps utile, se rencontrer dans un rendez-vous commun, pour conférer ensemble des intérêts de la Revue ;

11° Les *Collaborateurs* ordinaires seront choisis parmi les religieux désignés par les PP. Provinciaux ;

12° Les articles écrits par eux devront tout d'abord être remis à leur Père Provincial, ou au Correspondant de leur province si le Père Provincial le juge bon. Le Père Provincial, après examen, pourra de lui-même les refuser ou les envoyer à la Direction avec cette mention : *nihil obstat ;*

13° L'acceptation d'un article par le Père Provincial n'oblige pas la Direction. Celle-ci peut examiner les articles tant au point de vue de leur valeur que de leur opportunité ;

14° Si, pour des raisons sérieuses, la Direction ne croit pas devoir publier un article, elle le renverra à son auteur ou lui demandera les modifications jugées utiles ;

15° Les religieux non désignés pour collaborer, qui auraient des travaux à faire paraître, pourront, s'ils y sont autorisés, les envoyer par l'entremise de leur Père Provincial, après examen, comme pour les collaborateurs ordinaires ;

16° Le concours des Tertiaires, prêtres ou laïques, pourra être utilisé ; cependant, il ne sera demandé que sur un avis favorable du Père Provincial dont ils dépendent. Leurs travaux passeront par l'examen de la Direction (1).

(1) La Direction des *Études franciscaines* désire que tous les articles, autant que possible, soient signés. Chaque article devra former un tout complet, ou du moins une subdivision du sujet. Leur longueur ordinaire sera habituellement de 10 à 15 pages. A moins d'exceptions très rares, dont la Direction reste juge, on n'admettra pas plus de trois ou quatre coupures sur la même nature.

Telles sont les décisions prises par les TT. RR. PP. Provinciaux pour la marche régulière des *Études franciscaines*. Ces décisions, nous n'avons pas besoin de le dire, seront appliquées avec fidélité et modération. Le contrôle, en effet, ne sera ni mesquin ni intolérant. Il n'aura point pour but de réprimer la libre expression des opinions probables.

Les *Études franciscaines* n'ayant aucun caractère officiel, une grande latitude sera laissée aux rédacteurs pour exprimer leurs sentiments, sous leur propre responsabilité, dans les limites, bien entendu, de la foi, de la charité et des exigences du programme. Le contrôle aura seulement pour mission d'écarter les articles insuffisants ou inadmissibles, et les travaux qui, pour des causes diverses, ne pourraient être publiés ; comme seraient, par exemple, les articles qui reviendraient inutilement sur des matières déjà traitées, ou les articles qui susciteraient des querelles ou des divisions, etc. (1). La Direction espère n'être pas souvent réduite à des refus ; si toutefois ils se produisaient, la charité les rendra moins odieux.

Au sujet de la collaboration des Tertiaires, il convient de faire connaître les intentions du Comité à leur égard.

Les *Études franciscaines*, sans être l'organe officiel de l'Ordre, engagent, en quelque manière, sa responsabilité et son honneur. Il ne faudrait donc pas que les collaborateurs tertiaires y prissent une action prépondérante. C'est au premier Ordre de donner la *forme* de la Revue et de diriger le mouvement. Or les Tertiaires, surtout lorsqu'ils n'ont pas fait de sérieuses études philosophiques ou théologiques, sont parfois exposés à laisser l'erreur éclore inconsciemment sous leur plume. De là la nécessité de ne leur ouvrir la porte qu'à bon escient. Ceci n'est pas dit pour éloigner les Tertiaires méritants qui, souvent, nous seront utiles, mais pour écarter les Tertiaires douteux,

(1) Peut être serait-il prudent, pour commencer, d'écarter les questions trop irritantes d'École.

dont les opinions hasardées jetteraient la déconsidération sur nos études.

Donnons maintenant la liste de la Direction et de la collaboration telle qu'elle est composée à l'heure actuelle :

Comité Général :

T. R. P. Adolphe, de Bouzillé, Provincial des F. M. Capucins de Paris.

Rme P. Exupère, de Prats de Mollo, ex-Procureur général Provincial des F. M. Capucins de Toulouse.

T. R. P. Albin, de Saint-Étienne, Provincial des F. M. Capucins de Lyon.

— Raphael, de la Roche, Provincial des F. M. Capucins de Savoie.

— Gonzalve, de Reeth, Provincial des F. M. Capucins de Belgique.

— Émilien, de Vallecalle, Provincial des F. M. Capucins de Corse.

Ou leurs successeurs *pro tempore*.

Commission Permanente

T. R. P. Eugène, d'Oisy-le-Verger, *Directeur*.

— Ludovic, de Besse, *Consulteur*.

— Stephane, de Sainte-Christine, *Consulteur*.

Paris : R. P. Ladislas, de Vannes, *Correspondant, Secrétaire de la Rédaction*.

Lyon : R. P. Bonaventure, de Carpentras, *Corresp.*

Toulouse : R. P. Gonzalve de Salviac.

Belgique : R. P. René, d'Oostroozebeke, *Correspondant*.

Savoie : R. P. Eugène, de Bellevue, *id*.

Corse : T. R. P. Émilien, de Vallecalle, *id*.

Collaborateurs.

1° *Province de Lyon.*

R^me P. Louis-Antoine, *Définiteur général.*
— Pie de Lagogne, *Qualificateur du S. Office, Consulteur de l'Index des Évêques et Réguliers et du Concile.*
R. P. Damase, de Loisey.
— Eusèbe, de Bar-le-Duc.
— Angélique, de Montpellier.
— Desiré, des Planches.
— Bonaventure, de Carpentras.

2° *Province de Toulouse.*

Révérendissime Père Exupère de Prats de Mollô, *Provincial.*
T. R. P. Georges, de Villefranche, *Définiteur.*
R. P. Evangéliste, de S. Beat.
— Alexis, de Barbezieux.
— Cyprien.
— Polycarpe, de Domne.
Fr. Albert.

3° *Province de Savoie.*

T. R. P. Raphael, de la Roche, *Provincial.*
— Athanase, de la Roche, *Définiteur.*
R. P. Jean-Baptiste, *Secrétaire.*
— Eugène, de Bellevue, *Correspondant de sa Province.*
— Jean, de Chambéry, *Gardien.*
— Felix, de la Muraz.
— Bernardin, d'Apremont.
— Fidèle, de La Motte Servolex.

4° *Province de Belgique.*

T. R. P. PIAT, DE MONS.
— LIBERT, DE MALINES.
R. P. PROSPER, D'ENGHIEN.

5° *Province de Suisse.*

R. P. HILARIN, *Lecteur à Fribourg.*
— JUSTIN, *id.*

6° *Province de Paris.*

T. R. P. LUDOVIC, DE BESSE, *Définiteur, Consulteur.*
— TIMOTHÉE, DE PUYLOUBRER, *ex-Provincial, Lecteur émérite.*
— ARSÈNE, DE CHATEL, *ex-Provincial.*
— PROSPER, DE MARTIGNE, *ex-Provincial, ex-Lecteur.*
— MARCEL, DE MONTAILLÉ, *Supérieur de la Mission de Constantinople.*
— ÉDOUARD, D'ALENÇON, *Archiviste général de l'Ordre.*
R. P. APOLLINAIRE, DE VALENCE, *Historiographe.*
— FLAVIEN, DE BLOIS.
— RENÉ, DE NANTES, *Gardien.*
— MARTIN, *Directeur des Études à Cadi-Keui.*
— LADISLAS, DE VANNES, *Secrétaire de la Rédaction.*
— LUC, DE TORCÉ, *Directeur du Séminaire de Constantinople.*
— VENANCE, DE L'ISLE-EN-RIGAULT, *Lecteur.*
— FORTUNAT, DE TOURS, *Missionnaire aux Indes.*

7° *Tertiaires séculiers.*

M. l'abbé SIMON, *Vicaire général de Luçon.*
M. l'abbé PETIT, *Supérieur du petit séminaire de Blois.*

M. l'abbé LEMONNIER, *Curé de St-Ferdinand-des-Ternes.*
M. l'abbé DEDOUVRES, *Professeur à l'Université d'Angers.*
M. l'abbé TRUCHET, *Chanoine, Saint-Jean-de-Maurienne.*
M. l'abbé BOUCHAGE, *Chanoine honoraire de Chambéry.*
M. GEORGES LOTH, *Écrivain.*
M. NOGUES, *ancien Directeur de l'*Association catholique.
M. SURMONT, *Avocat.*
M. COULAZOU, *Avocat.*
M. LAURENT, *Professeur de Droit.*
M. DE KERGOLAY.
M. PASSANA.
M. DEJARDIN.
M. FIÈRE, *Docteur en Droit.*
M. EMMANUEL RIVIÈRE, *Ingénieur des Arts et Manufactures.*

V

Programme général

Il est souvent difficile de tracer un programme ayant des limites assez vastes pour ne pas entraver l'avenir et un but assez précis pour obtenir les résultats désirés. Nous avions déjà tenté un essai dans notre *Avant-projet*, mais on a jugé avec raison que les lignes du programme ne se dessinaient pas assez nettement. Aussi pour répondre aux désirs de nos Supérieurs; nous allons le préciser et le développer en même temps.

Notre Revue aura pour titre : *Études franciscaines ;* ces deux mots disent toute notre pensée, et ils la disent si parfaitement qu'il nous a été impossible de trouver un autre titre.

La Revue sera intitulée *Études ;* elle contiendra donc non seulement des articles de courte étendue, mais des travaux sérieux élaborés par nos meilleurs écrivains.

Les Études ne seront pas indéterminées ; le mot de *Franciscaines* spécialise et délimite le cercle dans lequel elles devront se mouvoir. Les rédacteurs s'appliqueront à mettre en lumière les doctrines traditionnelles de l'Ordre et ils traiteront de préférence les sujets utiles à nos religieux et à nos tertiaires. Aussi, les *Études franciscaines* ne feront pas ce que d'autres font à nos côtés ; elles ne traiteront pas les sujets tels qu'on pourrait les exposer, par exemple, dans la *Revue thomiste*, dans les *Études* des PP. Jésuites, ou dans la *Nouvelle Revue théologique*, mais elles seront Franciscaines : 1° parce qu'elles seront rédigées par des Franciscains ; 2° parce que, en général et autant que possible, elles auront pour but un sujet franciscain.

Telle est la voie qui nous est tracée et dont il ne faut pas sortir. On ne s'étonnera pas de nous voir entrer dans ce chemin lorsqu'on se rappellera que nous y sommes conduits par le désir de favoriser un retour vers les traditions de notre Ordre et surtout par la volonté formelle de nos Supérieurs. D'ailleurs, de l'avis de religieux compétents, c'est la seule raison d'être de notre fondation, la seule qui nous permette de combler une lacune regrettable et rendre service à l'Église et à la science.

Pour éviter toute équivoque et pour nous donner l'occasion d'indiquer nettement notre but, prenons les titres qui figurent au-dessus des rayons de nos bibliothèques : Théologie, Philosophie, Écriture Sainte, Droit canon, Liturgie, Prédication, Théologie mystique, Histoire, Hagiographie, Géographie, Économie, Sciences et Arts. Toutes ces branches différentes de la science humaine ne devront pas être traitées chez nous d'une manière générale. Non ! mais pour justifier notre titre, il faudra qu'elles soient, autant que possible, **traitées au point de vue franciscain et avec l'esprit franciscain**. Nous verrons comment il y aura des exceptions ; pour le moment, arrivons au détail.

La Philosophie et la Théologie occuperont une large place dans nos *Études franciscaines* ; organe de nos lecteurs et de nos écrivains, ces études feront connaître les opinions de nos Maîtres dans les sciences sacrées, en même temps qu'elles défendront la doctrine de l'École franciscaine. Nous n'accepterions que difficilement des thèses qui, par tendance, iraient à l'encontre des données de cette École, et si, pour des raisons sérieuses, on en admet quelqu'une, on saura que cette thèse a chez nous la valeur d'une opinion individuelle et qu'elle ne change en rien la marche de la Revue.

De même en sera-t-il pour l'Écriture Sainte, l'Exegèse, les Commentaires et tout ce qui touche aux Saints Livres. Peut-être n'y a-t-il pas d'École franciscaine pour ces sortes de matières ; mais nous avons chez nous des commentateurs célèbres, nous avons eu une académie florissante qui, aux siècles derniers, s'est efforcée de tenir tête au rationalisme ; c'est en s'appuyant plus particulièrement sur nos devanciers que nos collaborateurs aimeront à étudier ces graves questions.

Les travaux sur le Droit Canon auront surtout pour but d'examiner les décisions anciennes et nouvelles relatives à notre Droit régulier ; ils nous signaleront les documents pontificaux dont la connaissance serait utile à nos Directeurs et à nos Tertiaires, enfin ils nous donneront des explications sur les doutes qui pourraient nous être proposés.

La Théologie mystique méritera, de notre part, une plus particulière attention, tant à cause du bien qu'elle est appelée à produire, qu'à cause du nombre et de la richesse de nos auteurs. Saint François, en marquant un retour plus prononcé vers la doctrine évangélique, a tracé une voie nouvelle où ses enfants entrèrent en grand nombre. Les *Études franciscaines* exposeront donc clairement la doctrine spirituelle des grands mystiques de l'Ordre, et par là, elles accompliront une œuvre bienfaisante.

La Liturgie sollicitera de temps à autre nos recherches, mais ces recherches prendront encore le caractère spécial que nous devons imprimer à toute notre œuvre. Nous verrons, par exemple, quels sont nos usages, nos chants, nos cérémonies ; nous redirons quelle a été l'influence de l'Ordre dans l'établissement des fêtes et des pieuses pratiques admises par l'Église, et au besoin nous profiterons des explications de nos liturgistes pour répondre aux questions qui nous seraient faites.

La Prédication pourra être traitée dans nos colonnes, mais seulement au point de vue historique et théorique ; il ne sera pas inutile, en effet, de dessiner la figure de nos grands prédicateurs et de signaler leurs méthodes. Quant à insérer des sermons, il n'y faut pas songer, à moins, toutefois, qu'il ne s'agisse d'un discours qui présenterait les caractères d'une véritable étude franciscaine. En prononçant cette exclusion de tout discours, le Comité a cependant toléré l'insertion de quelques canevas destinés aux conférences mensuelles du Tiers-Ordre.

L'Histoire sera l'une de nos matières préférées, elle nous retracera les fastes de l'Ordre en même temps qu'elle nous fournira de bonnes monographies sur les principaux personnages qui ont illustré notre famille. Redresser les erreurs ou les fausses appréciations, tirer de l'oubli tant de figures qui, pourtant, mériteraient d'être connues, contribuer, par de patientes recherches, à combler les lacunes de nos annales, n'y a-t-il pas là de quoi tenter plus d'une bonne volonté ?

L'Hagiographie est une richesse qui ne saurait être négligée : aussi les *Études franciscaines* chercheront à mettre en valeur les immenses trésors de la vie de nos Saints; elles aimeront à susciter des travaux consciencieux sur tant de personnages recommandables par leurs vertus, leur prodiges et leur action bienfaisante. Pour cette partie, il nous faudra des biographies solidement établies sur des documents authentiques et sur la plus loyale critique des sources. Sans doute, nous ne publierons pas de vies *in extenso*, mais nous recevrons avec empressement tout ce qui montrerait mieux le caractère d'un personnage, tout ce qui nous dirait son action sociale ou mettrait en lumière un point controversé.

La Géographie, c'est-à-dire la description des Provinces et des missions, c'est-à-dire le récit des voyages et des découvertes est une mine inexplorée, qu'il ne sera pas sans intérêt de fouiller. Les missions étrangères ont toujours été pour les fils du Séraphique Père une préoccupation constante. L'Orient et l'Extrême-Orient ont sollicité leurs efforts; ils ont pénétré jusque dans les profondeurs du continent africain et ils n'ont pas craint de se lancer à la suite des explorateurs hardis qni ont découvert le Nouveau monde. Les récits des voyages et des missions de nos Pères existent en bonne partie, mais ils sont inaccessibles au public, aussi sera-t-il bon de les vulgariser.

Ces trois branches de l'histoire, de l'hagiographie et des missions seront instructives et très intéressantes; elles formeront des variétés qui remplaceront avantageusement les nouvelles et les romans.

L'Économie sociale rentrera naturellement dans notre cadre. L'Ordre Séraphique est destiné par sa vocation et son tempérament à travailler au bien spirituel, moral et matériel de la société; aussi les questions sociales ne sauraient passer inaperçues pour lui; cependant elles ne prendront pas une place prépondérante, et elles ne seront reçues qu'autant qu'elles s'appuieront sur la doctrine de l'Église et sur principes adoptés par nos saints.

Enfin, les Sciences et les Arts seront traités par les *Études*, mais surtout à notre point de vue; par là même, il sera utile de rappeler le nom, la vie et les œuvres des savants franciscains, et de faire connaître les artistes qui se seraient manifestés chez nous ou qui se seraient lancés dans le mouvement artistique dont saint François a été le point de départ.

Notre programme est vaste, et cependant il conviendrait d'y ajouter une partie bibliographique et une Revue des Revues franciscaines; il conviendrait surtout d'y ajouter des articles approfondis sur le Tiers-Ordre, sur son esprit, son histoire et ses privilèges. Alors, l'énumération serait complète et nous aurions un ensemble capable de donner satisfaction à tous les désirs. La richesse de ce programme et ses limites étendues feront que nous serons à l'aise pour traiter bien des questions et pour n'avoir pas à craindre que les matières nous fassent défaut.

Deux objections sont à prévoir : On nous reprochera d'être trop exclusifs et pas assez actuels. Répondons à ces deux reproches.

En voulant demeurer sur notre terrain nous n'avons pas l'intention d'être exclusifs, de rester isolés ; au contraire nous nous tiendrons toujours au courant des idées et des faits d'un ordre plus général. Nous nous sommes prescrit un but parfaitement défini, il est vrai, mais ce n'est pas à dire que nous ne puissions sortir du XIIIe ou du XVIIe siècle et que nous soyons obligés de tout peindre avec des couleurs brunes ou cendrées : cela à la fin deviendrait monotone. Il y aura les repos et les diversions indispensables pour l'intérêt de la revue et pour sa durée. Par là même on ne s'étonnera pas de nous voir aborder, de temps en temps des questions tout à fait étrangères à notre ordre ; elles seront, si vous le voulez, des exceptions, mais des exceptions voulues et nécessaires.

La préoccupation des *Études franciscaines* sera d'être actuelles dans le vrai sens du mot. L'actualité ne consiste pas à saisir les événements contingents qui, de mise aujourd'hui, seront démodés demain ; la véritable actualité est de comprendre les besoins et les tendances de son époque, d'en refléter les aspirations et d'avoir toujours en vue le bien des lecteurs auxquels on s'adresse. La morale, la religion, la justice seront toujours des questions actuelles, pourvu qu'on sache les adapter aux besoins de son temps.

Citons à ce sujet quelques belles paroles de notre Reverendissime Père Bernard d'Andermatt. Il venait de visiter la bibliothèque du Mans ; après en avoir admiré les richesses littéraires, il fut prié de laisser un souvenir de son passage ; séance tenante il écrivit ces maximes que les

Études franciscaines voudraient prendre pour règle de conduite :

« Velim ut sacerdotes nostri sæpius recordentur verborum D. Bernardi : Pietas cum scientiâ œdificat, et ut utramque quærant. Ament nova et vetera. Vetera novis complentur et nova veteribus roborantur et sustentantur. Vetera sine novis subsistunt, nova sine veteribus fundamento carent ; conjuncta in unum, si pietate liniantur, templum constituunt in quo Deus digne habitat.

« Cœnomani, die 12 Junii 1891.

« In S. Visitatione
« Fr. Bernardus ab Andermatt,
« Min. Gen. Cap. »

Tel est donc notre programme ; maintenant, il faut le réaliser et ce n'est pas trop de la bonne volonté de tous. Que nos collaborateurs se mettent vite à l'œuvre et qu'ils nous envoient au plus tôt de bons et sérieux travaux sur les matières proposées. Pour leur faciliter le choix, nous allons dresser une liste des études qu'il conviendrait de susciter. Cette liste est incomplète, aussi recevrons-nous avec reconnaissance les indications qui nous aideraient à la rendre plus parfaite. Les collaborateurs qui auraient choisi leur sujet d'étude voudront bien nous l'indiquer afin qu'il n'y ait pas double emploi.

L. D. M. F.

ESSAI

DE

PROGRAMME

DÉTAILLÉ

Nous consignons ici les principales questions qui nous ont été signalées comme présentant un certain intérêt. Beaucoup, cependant, restent dans le domaine spéculatif et pour cela seront trop arides pour la généralité des lecteurs. Les écrivains devront donc les MODERNISER, *les comparer avec les opinions contemporaines et montrer les conclusions qui en résulteraient pour la science actuelle.*

Nos collaborateurs comprendront parfaitement l'importance de cette recommandation. Nos Études, *en effet, ne sauraient être une réédition telle quelle des anciennes disputes. Tout en nous appliquant à relever l'École franciscaine, nous devons le faire d'une manière utile à nos lecteurs et de façon à être compris par eux.*

Bien que nous ayons posé un nombre considérable de questions, nous ne prétendons pas avoir épuisé les sujets. Nous avons voulu seulement ouvrir quelques horizons. Les collaborateurs seront libres de délimiter leurs articles, selon qu'ils le croiront utile, après une étude consciencieuse.

En jetant un coup d'œil sur le programme, on ne se

*laissera point rebuter par le nombre et la diversité des questions. C'est là un programme d'*avenir *qui ne saurait être rempli en peu d'années, et dont nous règlerons l'application pour chacun de nos numéros. Les Pères à qui nous avons pu montrer les épreuves de notre Programme nous ont fait remarquer la prédominance des questions théologiques et philosophiques ; ils craignent que cette prédominance ne nuise à la diffusion de la revue. Qu'on se rassure à ce sujet, la Direction s'efforcera de maintenir toujours une agréable variété de matières.*

Notre questionnaire est surtout franciscain. Nous laissons aux écrivains le soin de trouver les questions d'un ordre général qu'il serait utile de traiter et qui présenteraient un intérêt d'actualité. Il nous est, en effet, bien impossible d'indiquer toutes les questions et surtout de prévoir les sujets imposés par les temps et les circonstances.

Dans la rédaction, toutes les citations de langues mortes ou étrangères devront être rejetées dans les notes. De même en sera-t-il pour toutes les citations qui nuiraient à la clarté du texte.

Questions théologiques (1)

1. De l'état primitif des Études dans l'ordre de saint François *(Question déjà prise par l'un de nos collaborateurs)*.

1 bis. Alexandre de Halès. Sa doctrine.

2. Influence doctrinale d'Alexandre de Halès sur les Maîtres de l'École Franciscaine.

3. Quels sont les points d'affinité entre la doctrine de saint Bonaventure et la doctrine de Scot?

4. Quelles sont les concordances et les divergences doctrinales entre saint Thomas et saint Bonaventure?

5. De l'influence des doctrines franciscaines dans l'Université de Paris.

6. La même question pour l'Université d'Oxford.

7. La même question pour l'Université d'Alcala.

8. Influence doctrinale de l'École Franciscaine au Concile de Lyon.

9. La même question pour le Concile de Vienne.

10. La même question pour le Concile de Constance.

11. La même question pour le Concile de Florence.

12. La même question pour le Concile de Latran.

13. La même question pour le Concile de Trente.

14. La même question pour le Concile du Vatican.

15. Les vingt-cinq questions où l'École de Scot semble avoir triomphé.

(1) Les questions n'ont pas toujours été posées dans un ordre absolument logique.

16. État actuel de l'École Franciscaine. Théologiens modernes.

17. Pourquoi, au XIXe siècle, les doctrines franciscaines semblent-elles avoir été négligées ?

18. Existence de Dieu : Est-elle connue en soi ? — La raison la démontre-t-elle à tous avec certitude ? — La foi et la science, en ce qui concerne cette existence, peuvent-elles exister dans le même sujet ?

19. SS. Trinité : Reste-t-il un mystère insondable pour la science, même après la révélation ? — Peut-on prouver mathématiquement à la raison son existence ? — Vestiges de la SS. Trinité dans toutes les créatures, d'après S. Bon. — Les Patriarches et les Juifs l'ont-ils connue et adorée ?

20. Historique des opinions sur les motifs de l'Incarnation (Question prise).

21. Le Verbe incarné : Est-il absolument et sans conditions le premier-né des desseins de Dieu ; en sorte que, Adam ne péchant pas, il se fût quand même incarné ?

22. La révélation du Christ aux Anges comprenait-elle la révélation de Marie ? — Lucifer aurait-il refusé de lui rendre hommage dès l'origine ?

Les théologiens disent que les anges ignoraient le mode d'exécution de l'Incarnation ; des écrivains ascétiques prétendent que Marie a écrasé la tête du serpent dès l'origine du monde.

23. Les bons anges : Leurs fonctions au ciel. — Leur ministère auprès des hommes et dans le gouvernement du monde. — Quels sont les anges envoyés ?

24. Les anges : Leur création. — Leur nombre. — Leur nature. — Leur hiérarchie. — Leur épreuve. — Suites. — Ont-ils vu Dieu avant leur épreuve ?

25. La religion est-elle plus obligatoire pour les hommes que pour les femmes ?

26. En quoi consiste la vraie notion de religion ? — L'homme est-il essentiellement religieux ?

27. Hors de l'Église point de salut : Que faut-il entendre par cet axiome et sur quoi repose-t-il ? — Est-il facile de se sauver hors du corps de l'Église ? — Quelles conditions sont requises ?

28. Élément humain et divin dans l'Église, ou le corps et l'âme de l'Église : Lui sont-ils essentiels tous deux ? En quoi consistent l'un et l'autre ?

29. Ne serait-il pas préférable de donner moins de place dans les manuels de théologie aux controverses sur la prédestination, etc. ? — Et d'insister au contraire beaucoup sur la notion de la grâce sanctifiante ?

30. La grâce est dite une participation de la nature de Dieu : Est-ce par voie de ressemblance ? — Est-ce par voie d'union ? — Est-ce des deux manières ? — En quoi consiste cette ressemblance ? Est-elle physique ou morale ? — Consulter saint Bonaventure et Scot.

31. Vie surnaturelle : Quel est le principe constitutif de la vie surnaturelle ? — Est-elle produite par voie de création, de génération, de production, etc. ? — Est-elle gratuite relativement à l'homme, et en quel sens ?

32. Qu'est-ce que la vie surnaturelle ? — Est-elle ou non une substance ou un accident ? — Dieu peut-il faire une créature ayant en propre le surnaturel ?

33. Vie surnaturelle : Quelles conditions doit apporter l'homme pour recevoir la vie surnaturelle ? — Dans les enfants ? — Dans les adultes ?

34. Vies surnaturelle : Quels effets produit la justification dans l'âme ? — Remet-elle vraiment le péché ? — Que faut-il entendre par cette rémission ?

35. Concept de la grâce suffisante et efficace. — D'après les auteurs franciscains.

36. État primitif de l'homme : A-t-il été créé dans l'état surnaturel? — En quoi l'état surnaturel d'alors primait-il le surnaturel présent ?

37. Comment expliquer le péché dans l'ange et nos premiers parents? — En quoi consiste ce péché? — La *première* cause du péché est-elle dans la volonté ou dans l'intelligence?

38. La raison fournit-elle une preuve de la transfusion du péché originel? — Comment expliquer cette transfusion qui semble heurter la raison ? — Quel est le véhicule de cette transfusion?

39. Des erreurs modernes découlant de la négation du péché originel.

40. Les démons: Leur chute. — Ce qu'ils ont perdu, ce qu'ils conservent. — Leur influence sur le monde de la nature et sur l'homme. — Sont-ils tous actuellement en enfer? — Comment le feu peut-il les faire souffrir?

41. Expliquer le spiritisme et les autres manifestations extra-naturelles. — Quelles en sont les causes?

42. Le feu de l'enfer est-il un feu réel?

43. L'enfer est-il éternel? Peut-on démontrer l'éternité des peines? Quelle est la principale preuve?

44. L'enfer: Où il est. — Sa nature. — Ses peines sont-elles, pour quelques-uns, augmentées, pour d'autres ou pour tous, mitigées? — Que penser de l'opinion d'un moderne sur la bénignité relative de ses tourments? — De jours de relâche qui y auraient lieu.

45. Le Ciel: Où il est. — Sa nature. — Vision béatifique. — La lumière de gloire d'après Scot. — En quoi consiste la béatitude formelle du Ciel, vision, amour, fruition?

46. Les Élus : Leur nombre. — Deux opinions extrê-

mes. — Quelle est la plus vraisemblable? — Raisons des deux opinions. — Peut-on admettre exégétiquement deux bonheurs célestes : un correspondant à la masse : *multi sunt vocati*; l'autre au petit nombre d'âmes de choix : *pauci vero electi*?

47. En quoi consiste essentiellement l'acte de foi? — Que penser des opinions de de Lugo et de Suarez?

Nota : Bien des questions seraient à poser sur la foi. Saint Bonaventure, en particulier, fournirait matière à des articles très sérieux et très intéressants. Nous laissons à nos collaborateurs le soin de les choisir et de les délimiter.

48. Quel est le rôle exact de saint Bonaventure dans la question de l'Immaculée Conception?

49. Sainte-Vierge : Sa place dans le plan divin. — A-t-elle été décrétée Mère de Dieu *ante prævisum peccatum*? — A-t-elle contracté le *debitum remotum* du péché originel ou Dieu l'a-t-il exclue du décret y englobant tous les hommes?

50. Immaculée Conception : — Historique de ce dogme. — Les diverses phases. — En quoi consiste-t-il précisément? — L'Église, en plaçant dans l'Oraison de la fête et dans le Canon de la définition : *intuitu meritorum Christi*, a-t-elle condamné l'opinion scotiste, qui exclut Marie du décret d'inclusion en Adam pécheur?

51. Grandeur de Marie : Grâce initiale. — Grâce lors de l'Incarnation. — Grâce finale.

52. La Sainte-Vierge et les théologiens franciscains (dogmatiques et surtout ascétiques, mystiques).

53. La Sainte-Vierge et les prédicateurs franciscains.

54. Des causes de l'incrédulité contemporaine.

55. Est-il vrai que le catholicisme est un obstacle à la prospérité matérielle des nations qui le professent?

56. Montrer comment les principaux progrès, même matériels (découvertes dans les sciences physiques, chimiques et naturelles), sont dus à des savants catholiques.

57. Montrer la permanence et l'influence inconsciente des idées chrétiennes chez les anti-chrétiens modernes, dans les questions de propriété, de société, de liberté, de fraternité, d'honneur, de charité, etc.

Questions Philosophiques

58. Quelle est, de la philosophie thomiste ou de la philosophie franciscaine, celle qui se rapproche davantage des sciences modernes et qui favorise mieux la méthode expérimentale ?

59. La théorie des idées dans Saint Bonaventure.

60. Matière et forme des Scolastiques. — Notion et thèse : Elles existent. — La matière première a-t-elle une entité et existe-t-elle indépendamment de la forme ?

61. Matière première : Quelle est la raison d'être de la matière première dans le plan de la création ? Quelles sont ses qualités ? — Ses fonctions ?

62. Forme substantielle : Ce qu'elle est et ce qu'elle constitue dans l'être. — Succession des formes substantielles. — Un même corps peut-il en avoir plusieurs de subordonnés ? — Que penser, en particulier, de la forme de corporéité de Scot ?

63. L'unité ou la pluralité des formes dans l'homme et dans le composé en général.

64. Union du corps et de l'âme dans le composé humain : L'âme, en s'unissant au corps, forme-t-elle avec lui une seule nature ? — Cette union est-elle substantielle ou accidentelle ? — Théories rationalistes sur ce point et leurs conséquences.

65. Distinction des facultés de l'âme.

66. L'influence qu'a la matière sur notre âme prouve-t-elle la matérialité de notre âme ?

67. Immortalité de l'âme : Preuves de cette immortalité. — Sont-elles probantes en dehors des lumières de la foi ?

68. Prédominance de la volonté sur l'intelligence. — Prédominance de l'amour sur la vérité, de la charité sur la foi.

69. Origine des vivants : Ont-ils été créés à l'état formé ou à l'état de germes ? — Y a-t-il eu succession de formes ? — Le transformisme pour les vivants, moins l'homme, est-il une hérésie ?

70. Origine de l'homme : Quelle est la note théologique et philosophique du transformisme ? — Etant donnée la diversité des races, peut-on prouver philosophiquement l'unité de souche ? — Cette unité de souche est-elle un dogme ?

71. Peut-on admettre dans l'homme comme un 6e sens expliquant les phénomènes du mesmérisme, du somnambulisme, de l'hypnotisme ?

72. Qu'est-ce que le sommeil naturel ?

73. Mesmérisme, somnambulisme, hypnotisme : Ces trois formes ont-ils une cause essentiellement identique ? — Quelle est cette cause ? — Conduite pratique à tenir.

74. Spiritisme : Sa notion et son historique. — Les agents en sont-ils naturels ou préternaturels ! — Quels sont ces agents ? — Sanction de l'Église contre le spiritisme.

75. Le miracle dans l'École franciscaine : Sa notion vraie. — Ses espèces. — Sa force probante en religion. — Les contrefaçons du miracle. — Les moyens de les discerner.

76. En quoi consiste l'hallucination ? — Quelle est l'importance de cette question au point de vue de l'hypnotisme ?

76. Liberté humaine : En quoi elle consiste essentiellement ? — Peut-on dire que la plupart des grands crimes attestent un manque de liberté et sont l'effet d'une main inconsciente ?

77. Quelle relation y a-t-il entre le cerveau humain et l'intelligence ?

78. La bilocation est-elle possible et comment ?

Questions d'Écriture Sainte

79. Étude historique et critique sur les grands commentateurs franciscains de l'Écriture Sainte. 1re période, XIIIe et XVIe siècles.

80. Étude historique et critique sur les grands commentateurs franciscains de l'Écriture Sainte. 2e période, XVe et XVIe siècles.

81. Étude historique et critique sur les grands commentateurs franciscains de l'Écriture Sainte. 3e période, XVIIe, XVIIIe et XIXe siècles.

82. Texte biblique : Tous les mots et passages des livres inspirés sont-ils réellement inspirés de Dieu et comment cette inspiration se concilie-t-elle avec l'action personnelle des auteurs ?

83. Tous les livres de la Sainte Écriture ont-ils un sens symbolique différent du sens littéral ?

84. Quel est le sens principal dans les livres historiques de l'Ancien et du Nouveau Testament : Est-ce le sens littéral ou le sens spirituel ?

84 bis. Que faut-il penser des opinions modernes qui

nous représentent les livres historiques de la Bible comme des romans pieux?

85. Écriture Sainte dans ses rapports avec les sciences physiques, chimiques, astronomiques, etc.

86. Déluge : Est-ce de foi qu'il a été universel ? — Est-ce prouvé par la science ?

87. Y a-t-il eu confusion de langue à la tour de Babel, ou, simplement, confusion d'idée et de sentiment ?

88. Prédiction de Noé : Montrer comment cette prédiction s'accomplit dans les races descendues de Sem, Cham et Japhet.

89. Dans quelle langue ont été écrits les livres du Nouveau Testament et peut-on retrouver le texte original de ceux qui n'ont pas été écrits en grec ?

90. Démontrer comment l'Égyptiologie et la Siriologie modernes ne contiennent rien contre les données de la Bible.

91. Les peuples primitifs ont-ils été monothéistes ou polythéistes ?

Droit Canonique

92. État du droit canon régulier au commencement du XIIIe siècle.

93. Quelles ont été dans la législation ecclésiastique et pour les Ordres religieux, les conséquences de l'approbation demandée à Innocent III par saint François d'Assise ?

94. La règle de saint François a-t-elle exercé une influence sur les règles postérieures.

95. Organisation des études dans l'ordre de Saint-François après la mort du fondateur.

96. Le gouvernement de l'ordre de Saint-François et ses modifications à travers les siècles.

97. Les idées de saint Bonaventure sur les couvents de l'Ordre.

98. Qu'ont fait les Franciscains pour les études de Droit Canon ?

99. De l'admission des religieux, de leur noviciat et de leur profession aux temps primitifs de l'Ordre.

100. Des vocations religieuses. — Quelles sont les dispositions du Droit à ce sujet?

101. Situation canonique des communautés supérieures générales relativement à l'autorité épiscopale.

102. Situation canonique des communautés soumises à l'autorité épiscopale ; — Droit, privilèges, devoirs ?

103. Du choix du confesseur pour les communautés religieuses ; — Par qui doit-il être fait. — Quelle est la durée de sa charge ? — Quels sont ses droits et ses devoirs et, par contre, quels sont les droits et les devoirs des supérieurs ?

104. De la gestion financière des communautés soumises et des communautés exemptes. — Droit des évêques et des communautés.

105. De la communication des privilèges, son principe, son histoire, son extension.

106. Historique du *Mare Magnum* des privilèges des Ordres Mendiants.

107. Les droits des évêques relativement aux quêteurs des ordres mendiants et non mendiants dans leurs diocèses ?

108. Règles suivies par la Sacrée Congrégation pour l'approbation des Constitutions religieuses ?

109. Est-il mieux que la Direction des communautés

religieuses soit sous l'influence du clergé séculier ou régulier ?

110. Du programme d'études donné aux capucins par Benoît XIV.

Liturgie

111. Étude comparée de la liturgie franciscaine dans les principales réformes de l'Ordre. — Marquer les similitudes et les différences. — Dire, d'après ces études, s'il y a vraiment une liturgie franciscaine avec des traditions et des règles certaines.

112. De la messe de IMMACULATA *in sabbato* : Son institution par saint François est-elle certaine ? Voir si l'usage en a été constant dans l'Ordre. — Dire quels sont ceux qui peuvent la célébrer. — Si ce privilège s'étend aux prêtres du Tiers-Ordre. — Quelles en sont les règles ?

113. Est-ce vraiment à saint Bonaventure qu'on doit l'introduction, dans l'Église, de la récitation de l'*Angelus* ?

114. Saint Nom de Jésus : Historique de cette dévotion. — Ses propagateurs.

115. *Via Crucis* : Son antiquité. — Influence des FF. Mineurs sur la propagation de cette dévotion. — Son utilité. — Ses indulgences.

116. Bréviaire romain : Le psautier primitif. — Versions diverses. — Origine du bréviaire. — Bréviaires divers. — Bréviaire romain actuel. — Son origine. — Comment il a dû sa diffusion aux FF. Mineurs. — Ses vicissitudes ?

116 bis. Le *Stabat* et le *Dies Iræ* sont-ils d'origine franciscaine ?

117. Caractère et beauté des anciens offices de saint

François et des SS. de l'Ordre : Par qui furent-ils composés ? — Sont-ils les mêmes chez les Conventuels, les Observants et les Capucins ?

118. De la forme primitive et traditionnelle des Églises franciscaines : Plans, place des autels, etc.

119. Prières et dévotions qui ont dû leur origine à des saints ou à des docteurs de l'Ordre.

120. L'Apostolat eucharistique dans l'Ordre de Saint-François.

121. Dévotion personnelle des saints à la sainte Eucharistie.

122. La dévotion à la passion comme dévotion franciscaine.

123. La dévotion à la sainte Vierge dans l'Ordre de Saint-François : Ses caractères et ses manifestations.

124. Le culte de saint Joseph dans l'Ordre de Saint-François.

125. Critique historique de l'indulgence de la portioncule.

126. Quelle est la différence entre une indulgence plénière, une absolution générale et une bénédiction papale *quoad effectus* ?

Théologie mystique

127. Comment la vie, les exemples, la doctrine de saint François éclairent les plus sublimes mystères de la théologie catholique.

128. Esprit de foi. — Vertu constitutive de l'esprit franciscain.

129. Amour de Dieu, vertu chère au Séraphin d'Assise.

130. Pénitence (vertu qui entre dans la constitution de l'esprit de saint François. Sa mission a été de la prêcher.)

131. Confiance en Dieu. (Une des vertus de l'esprit franciscain. L'enfant de saint François se confie à la providence de Dieu, à sa miséricorde : il s'abandonne entre ses mains.)

132. Humilité. — Une des vertus constitutives de l'esprit franciscain.

133. Pauvreté. — Vertu qui constitue l'esprit de saint François.

134. Amour du prochain. — Cet amour embrasse même les êtres placés au dessous de l'homme et la nature tout entière.

135. Y a-t-il une méthode d'oraison franciscaine bien caractérisée ?

136. École franciscaine : — Caractère de l'ascétisme franciscain. — Son influence dans l'Église.

137. Quel est le prince des auteurs mystiques. — Saint François d'Assise, vie et opuscules. — Saint Antoine de Padoue. — Saint Bonaventure. — Saint Bernardin, etc., etc.

138. Étude sur saint François au point de vue mystique. — Son point de départ : néant de la créature, tout de Dieu. — Son parcours : feu dévorant qui ne demande qu'à s'épancher en torrents de flammes. — Son arrivée ; la fusion avec le Christ.

139. Saint Bonaventure. — Étude approfondie de ses œuvres mystiques par ordre chronologique et par ordre logique. — Ce que les autres écoles lui ont emprunté. — A-t-il été en même temps chérubin et séraphin ? — Montrer la continuation de son école jusqu'à nos jours.

140. La direction des âmes d'après les saints Francis-

cains par rapport à l'oraison, l'examen de conscience, l'action de Dieu sur l'âme, etc.

141. Étudier plus spécialement la mystique des auteurs capucins du XVIIe siècle. — En montrer les origines. — En faire connaître les principes généraux.

142. Les *illusions* dans la vie spirituelle.

143. Des devoirs des Supérieurs d'après les grands auteurs de l'Ordre.

144. Des devoirs des inférieurs vis-à-vis de la Règle et de l'obéissance d'après les auteurs de l'Ordre.

Prédication

145. Caractère de la prédication de saint François et de ses premiers disciples.

146. En quoi doit consister la prédication chrétienne, surtout chez les enfants de saint François?

147. L'usage de la Sainte Écriture dans la prédication.

148. De la forme et de la longueur des Missions dans les campagnes.

149. Étudier quelles furent les principaux prédicateurs de l'Ordre durant le XIIIe siècle, non seulement en Italie, mais surtout en France.

150. Étudier la même question pour le XIVe siècle.

151. Étudier la même question pour le XVe siècle.

152. De la prédication franciscaine en Europe au XVIe siècle.

153. De la prédication franciscaine au XVIIe siècle.

154. De la prédication franciscaine au XVIIIe siècle.

155. De la prédication franciscaine au XIXe siècle.

156. Des traités oratoires faits par les Frères Mineurs.

157. De la législation de la prédication dans l'Ordre de saint François, depuis l'origine jusqu'à nos jours.

158. La formation pratique des prédicateurs et des controversistes dans les différentes branches-statuts.

159. Des principaux controversistes de l'Ordre. — Quelle était leur méthode.

Saint François

160. Les écrits de saint François comme source historique.

160 bis. Les écrits de saint François au point de vue littéraire et philologique.

161. Documents diplomatiques, chroniques étrangères à l'ordre, archives communales italiennes et latines du XIIIe siècle. — Déterminer leur valeur comme source historique.

162. Critique historique et littéraire des documents *primitifs* de l'histoire de saint François. Signaler leurs beautés et leurs défectuosités, la comparer entre eux (XIIIe siècle).

163. Critique historique et littéraire des principaux historiens de saint François, XIVe siècle. — (Ubertin de Casale, Barthélemy de Pise, etc.) — Emprunts faits aux primitifs ; influence des traditions sur leurs écrits. — Ont-ils formé ce que les rationalistes appellent la légende de saint François ?

164. Les panégyristes de saint François des XIIIe et XIVe siècle fournissent-ils des faits nouveaux ?

165. Les reliques de saint François comme source historique.

166. Étude critique sur la parenté de saint François.

167. Essai de chronologie de la vie de saint François. — Les dates certaines, les dates douteuses, les dates fausses.

168. Les voyages de saint François en Italie et hors d'Italie.

169. Saint François et le cardinal Hugonin (Grégoire IX).

170. Nature et histoire des premiers chapitres de l'Ordre du vivant de saint François.

171. Saint François et son siècle. — Hérésies. — Lutte des partis. — Sensualisme.

172. Les faits contestés par les historiens modernes depuis les Bollandistes le sont-ils à bon droit ?

173. Saint François d'après les protestants et les rationalistes : Nouvelle figure qu'ils nous donnent est-elle la vraie ? Que faut-il penser des idées réformistes qu'ils lui attribuent ?

174. Saint François au XIXe siècle. — Les historiens catholiques français et étrangers. — Leur idéal.

175. Saint François, fondateur d'Ordre.

176. Saint François et l'Église romaine.

177. Saint François et les études.

178. Saint François prédicateur.

Histoire générale et particulière de l'Ordre

179. Critique des grandes compilations franciscaines qui peuvent servir de base à l'histoire générale de l'Ordre.

179 bis. Étude et critique des Bullaires franciscains

comme source historique de l'Ordre et plus particulièrement du Bullaire capucin.

180. Aperçu général de l'Ordre de saint François au XIIIe siècle.

181. Aperçu général de l'Ordre de saint François au XIVe siècle.

182. L'Ordre de saint François et la Féodalité au Moyen-Age.

183. L'Ordre de saint François et la démocratie au Moyen-Age.

184. Les rapports des Frères-Mineurs avec la monarchie française.

185. Division territoriale de la France en provinces franciscaines depuis l'origine jusqu'à nos jours ; et dates des divisions.

186. Les Franciscains et les croisades en Terre-Sainte.

187. Les Franciscains et les croisades en Hongrie.

188. Les Franciscains et les croisades en Espagne.

189. De l'introduction de l'Ordre des Frères Mineurs en France par les Compagnons où les Disciples du Séraphique Père. — Quels furent les premiers couvents fondés par eux et des premières provinces ? — Et de l'influence rapide qu'ils prirent ? — Ne pas dépasser les limites du XIIIe siècle.

190. Introduction de l'Ordre des Frères-Mineurs en Angleterre.

191. Même question pour l'Allemagne.

192. Même question pour l'Espagne.

193. Conduite des Frères-Mineurs pendant le grand schisme d'Occident.

194. Les Franciscains et la Papauté : Serait-il vrai (comme certains auteurs universitaires le disent) que les Franciscains ont toujours pris le parti du peuple contre les « exigences du Pape » ?

195. Role des Franciscains dans la question du retour de l'Église grecque à l'unité catholique depuis le concile de Lyon jusqu'au concile de Florence.

196. Les Franciscains au concile de Constance.

197. Quelle a été l'attitude des Franciscains vis-à-vis de Jeanne d'Arc ?

198. État de l'ordre de Saint-François en France avant le concile de Constance.

199. Établissement de l'Observance en France.

200. Établissement des Récollets en France.

201. Établissement des Capucins en France.

202. Les Martyrs franciscains pendant les guerres de religion en France.

203. Les Franciscains et la Ligue.

204. Rôle des Frères-Mineurs de toutes branches au Concile de Trente.

205. Coup d'œil général sur les luttes des Cordeliers et des Observants avec les protestants en France.

206. Les Capucins et le Protestantisme.

207. Les Franciscains et le Jansénisme.

208. Les Frères-Mineurs, évêques en France : Quels sont-ils, leur influence, leurs actes ?

209. Coup d'œil général sur les Clarisses en France avant sainte Colette.

210. La Province capucine de Savoie depuis son établissement jusqu'à l'annexion.

211. La Province capucine de Suisse depuis son établissement jusqu'à nos jours.

212. La Province capucine de Belgique depuis son établissement jusqu'à la Révolution.

213. Clément XIV et les Jésuites, uniquement au point de vue historique.

214. Les Franciscains et la Commission des Réguliers.

Monographies locales et personnelles

215. Histoire du grand couvent des Cordeliers de Paris.

216. Monastère des Urbanistes de Longchamps.

217. Couvent des Capucins de la rue Saint-Honoré.

218. Couvent des Capucins de la rue Saint-Jacques.

219. Couvent des Recollets de Paris (Hôpital Saint-Martin).

220. Monastère de l'*Ave Maria* (Paris).

221. Monastère des principaux couvents franciscains dont l'histoire présenterait un intérêt général.

222. Monographie du Frère Élie.

223. Monographie de Jean Parent.

224. Monographie d'Aymon de Faversham.

225. Monographie de Crescence de Jesi.

226. Histoire de Jean de Parme.

227. Monographie de saint Bonaventure comme général de l'Ordre.

228. Saint Louis. — Ses relations avec les enfants de saint François.

229. Étude sur l'épiscopat et les œuvres de Eudes Rigault, archevêque de Rouen.

230. Généalogie de saint Antoine de Padoue.

231. Nicolas IV, le religieux, le cardinal, le pape.

232. Alexandre V, le religieux et le pape.

233. Sixte-Quatre, le religieux et le pape.

234. Sixte-Quint, le religieux et le pape.

235. Jean de Capistran, la Hongrie de Jean Hunyade et la Hongrie moderne.

236. Jean Glapion, archevêque nommé de Tolède, confesseur de Maximilien.

237. P. Marc d'Aviano et la délivrance de Vienne.

238. Le Père Valerianus Magnus.

239. Ambassades de Saint Laurent de Brindes.

240. Les rapports de saint François de Sales avec les enfants de saint François.

241. Les rapports de saint Charles Borromée avec les enfants de saint François.

242. Mgr Vital d'Olivera, évêque d'Olinda, et la persécution religieuse au Brésil.

Hagiographie

243. Histoire chronologique de la Sainteté dans l'Ordre de saint François.

244. Pourquoi l'hagiographie franciscaine est-elle plus riche dans certains pays que dans d'autres ?

245. Pourquoi la béatification des Saints de France a-t-elle rencontré tant de difficultés ?

246. État des bienheureux non officiellement reconnus par l'Église, mais ayant cependant reçu un culte populaire.

247. Caractéristiques de la Sainteté dans l'Ordre de saint François.

248. Étude critique des sources générales des vies de nos Saints, surtout pour la partie française.

249. Étude préliminaire et générale de la Sainteté chez les Conventuels de France.

Faire connaître les principales figures qui ne mériteraient pas cependant une étude particulière, et indiquer celles sur lesquelles il conviendrait d'attirer l'attention. Indication des sources. Il s'agit ici non seulement des B. B. par appellation, mais de tous les personnages pieux qui auraient laissé un renom de sainteté.

250. Même question pour les Frères Mineurs de l'Observance en France.

251. Même question pour les Frères Mineurs Récollets en France.

252. Même question pour les Frères Mineurs Capucins en France.

253. Même question pour les Clarisses en France.

254. Même question pour les Tertiaires réguliers en France.

255. Même question pour les Tertiaires séculiers en France.

256. Biographie du B. Gilles, compagnon de N. S. P. S. François.

257. Biographie de la vénérable Dulcine, sœur de Hugues de Dina et fondatrice du Tiers-Ordre régulier en France.

258. Biographie complète du Bienheureux Jean le Déchaussé, surnommé le petit saint noir de Quimper, cordelier. — Ses vertus, son culte.

259. Biographie du B. Paul de Perpignan. — Sa vertu, son culte.

260. Biographie Michel de Vienne en France. — Sa vie, son culte.

261. Le Bienheureux Bonencontre, de Châteauroux. — Sa vie, son culte.

262. Le Bienheureux Pacifique. — Son rôle dans l'établissement des Frères Mineurs en France, sa vie, ses vertus, son culte.

263. Biographie d'Élie de Bourdeille. — Ses ouvrages. son intervention dans la réhabilitation de Jeanne d'Arc, sa vie et ses vertus.

264. Biographie complète des Bienheureux Étienne de Narbonne et Raymond, martyrs à Avignonnet.

265. Biographie complète de la Bienheureuse Isabelle de France, fondatrice des Urbanistes de Longchamps.

266. Biographie complète du Bienheureux Gabriel Maria, confesseur de sainte Jeanne de Valois, fondateur de l'Annonciade, et des Élisabethines du Buron.— Ses vertus, son culte.

267. Biographie complète de la Bienheureuse Marguerite de Lorraine, femme de René d'Anjou, fondatrice des Clarisses de Mortagne, de Laigle, des Élisabethines de La Flèche, etc. — Sa vie, ses vertus, son culte.

268. Biographie complète du Bienheureux Louis Lallemand, Cardinal, Légat du Pape, Tertiaire. — Son rôle au Concile de Constance, ses vertus, sa béatification. — État actuel de son culte.

Missions

269. Vocation particulière de l'Ordre de Saint-François pour les missions étrangères. Règle, Constitutions, Chapitres généraux. (Question de droit.)

270. Missions établies du vivant de saint François.

271. Franciscains en Terre-Sainte. — Origines, fondations diverses. — Se borner au premier siècle. — Combien il est juste qu'ils y conservent la primauté d'honneur et de juridiction. — Ce qu'a fait l'Église pour la leur assurer. (Bien établir l'influence de la France dans cet établissement).

272. Même question pour les siècles suivants (indiquer la période que l'on veut étudier).

273. Histoire de la première évangélisation de la Chine, par Jean de Moncorvin. — Établissement d'une Hiérarchie ecclésiastique. — Étendue et durée de cette mission.

274. Les Franciscains philologues (grammaire, dictionnaires, traductions pour les missions).

275. Les Franciscains au Japon.

276. Quelle a été l'attitude des missionnaires franciscains en Chine pendant les discussions théologiques sur les cérémonies chinoises et les rites malabars, uniquement au point de vue historique ?

276 bis. Quel était, d'après les missionnaires franciscains, l'état de la civilisation mexicaine avant la découverte de l'Amérique ?

277. Première évangélisation de l'Amérique. — Leur rôle auprès de Christophe Colomb et auprès des premiers navigateurs. — Établissement de provinces et conversions nombreuses (1492).

278. Odoric de Pordenone. — Sa mission. — Ses Œuvres.

279. Rôle des Franciscains depuis le commencement de la persécution en Angleterre. — La suppression de leurs couvents. — Leurs luttes contre le pouvoir despotique, leur constance et leur martyre.

280. La mission des Capucins au Congo aux siècles derniers. — État florissant. — Vestiges qui subsistent encore de nos jours.

281. La mission d'Ethiopie au XVIIIe siècle.

282. La mission d'Abyssinie au XIXe siècle : son origine, ses développements, ses espérances.

283. Les Gallas : leur pays, leurs mœurs. — Ce qu'on peut augurer de l'avenir qui les attend. — Historique de la mission, ses travaux, son état actuel. — Ce qu'elle peut se proposer.

284. Abyssinie : Coup d'œil sur la géographie. — Une petite carte serait utile. — Cours historique. — Caractère et mœurs des habitants. — Ménélick. — Comment il est arrivé au pouvoir. — Son portrait. — Son rôle.

285. Mission des Indes confiée à la Province capucine de Belgique. — Historique, géographie, mœurs, état actuel, espérances.

285 bis. Mission des Indes, Radjpontana. — Mêmes questions.

286. La mission des Philippines.

287. La mission des îles Seichelles.

288. La mission du fleuve Janvier.

289. Est-il prouvé que les Capucins ont découvert les sources du Nil ?

290. Étude sur le cardinal Massaïa d'après ses mémoires.

291. Rôle des Récollets pour la conservation de la foi dans les Pays-Bas : Leur mission. — Dans ces contrées.

292. Établir la place prise par les Récollets dans l'Évangélisation de la Nouvelle France.

293. Les Capucins du Brésil et les Missions.

294. Les Capucins et la Mission de Georgie (Russie).

295. Les Capucins missionnaires en Syrie.

296. Les Capucins et les missions, au pays des Grisons.

296. Les Capucins et les Missions de Grèce, avant et après la Révolution.

297. Quelle a été l'attitude des Capucins en Suisse et en Savoie au début de la Réforme ? — Quelle a été, à ce moment, le rôle des Capucins et de saint François de Sales ?

298. Etude sur Raphaël du Mans et sa Mission en Perse.

299. Etudes sur le P. Yves d'Evreux et sa mission en Amérique.

300. Aperçu sur les Missions : Les Capucins en pays infidèles, depuis la Révolution. État général au XIXe siècle.

Questions d'économie politique et sociale

300. Quest-ce que la liberté du travail ? — Est-elle le droit naturel ? — Quelles sont ses limites ? — Qui doit poser ces limites, l'État ou l'initiative privée ?

301. Qu'est-ce que la liberté du commerce ? — Quelles sont ses limites ? — Qui doit poser ses limites ? — L'État ou l'initiative privée ?

302. — L'ordre économique social est-il possible ? — En quoi consiste-t-il ? — Comment peut-il être établi ?

Par qui ? — Par l'État ? — Par l'Église ? — Par l'initiative privée ?

303. Quelles sont les limites respectives de la Justice et de la Charité ? — Est-il possible de combiner leur action dans la grande industrie ? — Dans la petite ? — Quelles combinaisons sont à recommander ?

304. Les progrès de l'industrie et du commerce sont-ils incompatibles avec la pratique de la morale chrétienne ? — Comment faire observer les règles de cette morale dans les grands établissements de travail ?

305. L'abondance de la production industrielle est-elle un mal ? — Quels sont ses avantages et ses désavantages ? — Où est le remède à la surproduction ?

306. Quel est le rôle de l'agriculture dans l'ordre économique ? — Est-il avantageux de l'unir à l'industrie ou de l'en séparer ?

307. Quel est le rôle de l'argent et des banques dans le progrès économique moderne ? — Comment empêcher l'argent de jeter le désordre dans le monde du travail ?

308. La répartition de la richesse. — Rôle des franciscains pour rendre cette répartition équitable.

309. La morale du saint Évangile est-elle suffisante pour maintenir l'ordre et la paix dans les questions d'intérêt ? Par qui et comment doit-elle être prêchée aux travailleurs ?

310. La doctrine catholique est-elle favorable ou nuisible à la production de la richesse ? — Les prêtres et les religieux sont-ils des parasites ? — Ont-ils un rôle économique ?

311. Nécessité de la réglementation du travail et du prix du travail pour les ouvroirs, les orphelinats et prisons. — Sur quels principes repose-t-elle ? — Et par qui doit-elle

être déterminée? — L'autorité ecclésiastique ne devrait-elle pas intervenir ?

312. Montrer l'influence néfaste du travail des jeunes filles et des femmes dans les usines et ateliers. — Sa réglementation.

313. La question du salaire : Consommateurs et producteurs, étude sous forme de lettres (Question déjà prise).

314. Le salaire familial. — Quelle est la stricte définition ?

315. La petite propriété agricole. — Son histoire, sa décadence. — Les syndicats agricoles et les caisses rurales. — Importance de la petite propriété. — Ses conditions de durée. — Lois de Moïse. — Décadence actuelle.

316. Droit du clergé d'intervenir dans les affaires et les luttes politiques. — Que penser du décret du Concile de Paris sur la question ?

317. Différence entre l'usure individuelle du Moyen-Age et l'*usura vorax* particulière à nos temps, que signale l'encyclique et qu'on peut appeler l'usure sociale.

318. La doctrine de la charité évangélique. — Conséquences de cette doctrine dans la vie économique et sociale.

319. Y a-t-il une obligation, pour les gouvernements ou les individus, de rechercher les états économiques favorisant le mieux l'extinction du paupérisme ?

320. Rapports des patrons et des ouvriers devant le droit purement naturel.

321. Doctrine de saint Bonaventure sur le droit de propriété.

322. Les opérations de Bourse et leur moralité.

323. L'État et la famille devant la loi purement naturelle.

324. L'origine du pouvoir, d'après saint Bonaventure.

Histoire critique et littéraire

325. La Règle de saint François est-elle favorable à l'acquisition de la science, ou indifférente à son égard ?

326. Les docteurs franciscains à l'Université de Paris pencant le XIIIe siècle.

327. Les docteurs franciscains à l'université de Paris pendant le XIVe siècle.

328. Monographie de Roger Bacon.

329. Étude sur la vie et les œuvres de Nicolas de Lyre.

330. Étude critique sur les œuvres de saint Antoine de Padoue.

331. Étude critique, littéraire et hagiographique sur le B. Jean dum. Scot.

332. Étude critique et littéraire sur les principaux disciples de Scot.

333. P. Laurent de Paris, écrivain, sa vie, son gouvernement, son talent oratoire.

334. P. Joseph du Tremblay, le religieux (question prise).

335. P. Joseph du Tremblay, l'écrivain (question prise).

336. P. Léandre de Dijon, précurseur de Bossuet.

337. P. Benoît Canfeld, sa doctrine mystique.

338. P. Louis d'Argentan, étude bibliographique.

339. P. Nicolas de Dijon, sa vie et ses œuvres.

340. P. François de Toulouse, sa vie et ses œuvres.

341. Saint Bernardin de Sienne : Analyse de ses œuvres. — Quelle en est la note dominante ?

342. Les Franciscains et la littérature au Moyen-Age.

343. Peut-on reconnaître l'action franciscaine dans la « Divine Comédie » ? — Qu'y a-t-il dans ce poème, soit en philosophie, soit en histoire, etc., qui appartienne à l'École franciscaine ?

344. Fondation et développement de l'Académie Clémentine pour l'étude des langues orientales et l'interprétation des Divines Écritures, son rôle, ses tendances.

345. Saint Léonard de Port-Maurice. — Caractère de ses œuvres et de sa doctrine.

Tiers-Ordre (1)

346. Fondation du Tiers-Ordre. — Sa primauté.

347. Diffusion du Tiers-Ordre en Italie au XIIIe siècle.

347. La même question pour la France.

348. Comment le Tiers-Ordre est-il d'un ordre religieux.

349. De la première institution du Tiers-Ordre régulier pour les hommes.

350. La même question pour les femmes.

351. Des privilèges canoniques du Tiers-Ordre.

352. Histoire de ses Indulgences.

353. Influence du Tiers-Ordre au Moyen Age.

354. Les grands personnages (rois, ducs, comtes, etc). — Influence de la règle franciscaine sur leur vie et leurs œuvres.

(1) S'inspirer, autant que possible, des actes des Souverains Pontifes et des actes de nos Congrès Franciscains.

355. Expliquer en quoi consiste l'esprit particulier du Tiers-Ordre.

356. Les sauvegardes que fournit le Tiers-Ordre pour la foi, la piété et les mœurs.

357. De l'excellence du Tiers-Ordre pour la sanctification du prêtre. — S'inspirer des vertus et des pratiques du Tertiaire en les appliquant à la vocation sacerdotale.

358. Fonctionnement actuel des fraternités sacerdotales et dans les séminaires. — Étudier leurs règlements.

359. Étude sur les *Saints* Prêtres séculiers sortis du Tiers-Ordre. V. G. S. Yves, B. Davanzat, B. Louis Lallemand, V. J. B. Vianney, Olier, Palotti, etc.

360. Décrire quelle serait la meilleure organisation d'une bonne fraternité sacerdotale. — Faire connaître les réformes et les progrès qui resteraient à accomplir.

361. De l'excellence du Tiers-Ordre pour la sanctification individuelle.

362. De l'excellence du Tiers-Ordre pour la sanctification des familles et des paroisses.

363. De l'excellence du Tiers-Ordre pour les hommes. — Bons résultats des fraternités d'hommes. — De la manière de les recruter.

364. De l'excellence du Tiers-Ordre pour la sanctification de la femme.

365. De l'excellence du Tiers-Ordre pour la sanctification des *jeunes gens*. — Du recrutement dans les collèges et les patronages.

366. Du recrutement du Tiers-Ordre. — Principaux obstacles. — Manque d'organisation et de zèle. — Préjugés à vaincre.

367. Du recrutement du Tiers-Ordre dans les populations ouvrières et pauvres. — Moyens. — Résultats.

368. État réel du Tiers-Ordre en France, en Suisse et en Belgique d'après les documents fournis par les actes des Congrès ou les dernières statistiques.

369. Du recrutement du Tiers-Ordre dans les classes supérieures. — Obstacles.

370. Fraternités. — Leur constitution. — L'érection canonique. — Leurs privilèges.

371. Du noviciat du Tiers-Ordre. — Obligation. — Comment les novices doivent être instruits et formés.

372. Discrétoire. — Ses droits. — Ses obligations.

373. De la Visite canonique dans les Fraternités du Tiers-Ordre. — Nécessité. — Bienfaits. — Manière dont elle doit être faite pour être fructueuse.

374. De l'habit du Tiers-Ordre. — Du scapulaire. — Du port du grand habit.

375. Devoirs du Tertiaire par rapport à la vertu de foi.

376. Devoirs du Tertiaire par rapport à la vertu de charité.

377. Le Tertiaire et la Pénitence chrétienne.

378. Le Tertiaire et les œuvres de zèle et de défense et de propagande chrétienne.

379. Le Tertiaire et les œuvres de charité et de miséricorde.

380. Le Tertiaire et la pauvreté par le détachement des biens de la terre.

381. Le Tertiaire. — Repos et la sanctification dominicale.

382. Le luxe. — Dans les vêtements. — Ameublements. — Le train de la maison. — Les voyages.

383. Les Tertiaires et les plaisirs dangereux : bals, soirées, théâtres.

384. Exemple que les Tertiaires doivent donner par l'observation des saintes lois de la famille et du mariage. — Citer comme modèles les saints tertiaires mariés, chefs de nombreuses familles.

385. Le Tertiaire et les habitudes chrétiennes. — Prière en commun. — La prière avant et après le repas. — Assistance aux offices.

386. Les Tertiaires et les lectures dangereuses ou mauvaises : journaux, revues et livres.

387. Les Tertiaires et les lectures pieuses. — Comment ils doivent surtout se pénétrer de la doctrine et de la tradition de l'Ordre, par la lecture des publications franciscaines de toute nature. — Formation des bibliothèques franciscaines.

388. Des moyens de fédération et d'union proposés aux Tertiaires. — Congrès. — Pèlerinages. — Réunions particulières, etc.

389. Des salons des Tertiaires, exclusion de tout tableau déplacé ; le crucifix au salon et les images pieuses.

390. Les Tertiaires et l'œuvre des catéchismes.

391. De l'union des Tertiaires entre eux et avec les autres catholiques, sur le terrain des affaires et du commerce. — Nécessité de s'entr'aider dans les places.

392. Le Tiers-Ordre et la Presse catholique, moyen de pénétrer.

393. — Étude critique et comparative sur les actes des congrès franciscains.

394. Histoire de l'habit du Tiers-Ordre.

395. De l'usage de la cordelière dans les armes de France. — Son introduction. — Sa signification.

Sciences et arts

396. Montrer en saint François, le poète idéalisant et surlevant la nature, et donnant un nouveau concept de l'art.

397. Saint François dans les arts. — Les *portraits* les plus anciens. — Quels sont les traits saillants et certains de sa figure ?

398. Saint François et l'art primitif italien, XIIIe, XIVe et XVe siècle.

399. Saint François, d'après l'École française.

400. Saint François, d'après l'École espagnole,

401. Saint François, d'après l'École flamande.

402. Rechercher le véritable portrait de saint Antoine de Padoue, d'après les plus anciennes représentations.

403. Le musée franciscain de Marseille.

404. La science dans les scolastiques franciscains.

405. Principales découvertes scientifiques faites par les enfants de Saint-François.

406. Les découvertes du P. Chérubin d'Orléans sur la dioptrique oculaire, etc.

407. Le Franciscain et la géographie.

408. Les poètes franciscains primitifs.

409. Les poètes franciscains des siècles derniers.

410. La musique dans l'Ordre de Saint-François, son usage, son exécution, ses compositeurs célèbres surtout chez ses conventuels.

Questions diverses

Sous ce titre, nous rangeons les questions d'École dont la solution ne serait pas d'un intérêt immédiat. Nous craindrions, en les abordant au début de la revue, de rebuter nos lecteurs. Nos collaborateurs verront plus tard s'il y a lieu de s'y arrêter. En tout état de cause, les articles traitant de ces matières ne sauraient être insérés que de loin en loin, et alors seulement qu'ils seraient traités de manière à intéresser. Pour ces matières, il serait bon de suivre le mouvement des autres Revues.

411. Essence de Dieu : Qu'elle en est la raison formelle ? — Est-ce l'ascéité des Thomistes ? — Est-ce l'infinité radicale de Scot ? — Est-ce l'*esse simpliciter* de Saint Bonaventure ?

412. Simplicité de Dieu : Est-ce une perfection formelle ou une pure négation ? — Dieu est-il tout à fait simple ? — En quoi consiste formellement cette simplicité ? — Cette simplicité exclue-t-elle toute distinction réelle ou de raison ? — Distinction formelle de Scot.

413. Science de Dieu : Est-elle absolument universelle ? — Comment connaît-elle les êtres contingents et les actes libres ? — Peut-on admettre la science moyenne ? — Par quoi la remplacent les auteurs franciscains ?

414. En quoi consiste la liberté de Dieu ?

415. Processions divines. — Leur nombre. — Leur nature. — Est-il vrai que si le Saint-Esprit ne procédait pas du Fils il n'en serait pas distingué ?

416. Pourquoi la deuxième personne de la très Sainte Trinité s'est-elle incarnée, plutôt que la première et la troisième ?

417. Une pure créature aurait-elle pu satisfaire à Dieu pour l'injure occasionnée par le péché ?

418. Quel est le mode de connaissance des âmes séparées ? et des anges ?

419. La durée des anges est-elle successive ? — En quoi leur durée se distingue-t-elle de celle de Dieu ?

420. Quelle est la manière de parler des Anges ?

421. Quels rapports particuliers la grâce dit-elle avec chacune des personnes divines, Père, Fils et St-Esprit ?

422. En quoi consiste l'état de nature pure ? Peut-il exister ? A-t-il existé ?

423. L'influx (causalité) de l'humanité sainte de Jésus-Christ en ce qui touche à l'infusion de la grâce sanctifiante, est-il physique ou moral ?

424. Prédestination : Ce qu'entend par là l'École ? — Les deux principales opinions ? — Quelle est sur ce sujet l'opinion franciscaine. — L'homme restant vraiment libre durant chaque péché, peut-on dire que l'opinion thomiste porte au découragement et multiplie ainsi les péchés ?

425. Si Adam n'avait pas péché, quel eût été l'état de ses descendants : Par rapport à la justice originelle ? — Par rapport à la fin éternelle ? — N'y aurait-il pas eu d'épreuve personnelle ? — Et quelle eût été la conséquence individuelle de cette épreuve ? — L'état de réparation est-il meilleur, de ce chef, que l'état de préservation, et comment ?

426. Distinction formelle de Scot. — Sa vraie notion. — N'est-elle, au fond, qu'une distinction *rationis ratiocinatæ ?* — La distinction formelle de Scot, appliquée aux attributs divins, a-t-elle été condamnée par l'Église et mérite-t-elle une censure ?

427. Du concours de Dieu dans toutes les actions des

créatures : Note théologique de cette thèse. — Détermination des actes libres. — Prémotion physique des Thomistes. — Opinion de l'École franciscaine sur ce point.

428. Le monde. — Pourrait-il exister toujours tel qu'il est ?

429. L'Ecclésiastique a-t-il été écrit en Hébreu par Jésus, fils de Sirach, et le texte inspiré est-il le texte hébreu ?

430. Esther : Le texte Hébreu actuel doit-il être corrigé d'après les fragments traduits du grec par saint Jérôme et insérés dans la Vulgate ?

431. Expliquer le mélange de l'Hébreu et de l'Aranéen dans le livre de Daniel ? — En quelle langue ont été écrites les parties deutéro-canoniques du livre de Daniel ?

432. Chronologie du livre de Daniel : Quels sont les rois de Babylone dont il parle ? — Explication de la prophétie des 70 semaines et de la succession des empires ?

433. Le texte grec de la sagesse est-il le texte original de ce livre ? — Pourquoi porte-t-il le titre de la Sagesse de Salomon ?

434. Arbre généalogique des peuples : Quels sont les peuples qui se rattachent aux fils et petits-fils de Noé indiqués au chap. X de la *Genèse*.

435. Chronologie des patriarches d'Adam à Abraham : Quel est le véritable texte de cette chronologie ? — Doit-on corriger la version de la Vulgate par celle du Samaritain ou des Septantes ?

435. A quelle époque faut-il placer les événements rapportés dans le livre de *Judith ?* — Quel est le roi de Ninive désigné sous le nom de Nabuchodonosor ? — Quel est l'Arphaxad qu'il vainquit ?

436. Quel est le texte authentique du livre de Tobie ? La Vulgate est-elle un abrégé du texte primitif, ou, au

contraire, le Septante reproduisent-ils le texte authentique ?

437. La Providence. — Erreurs modernes ; enseignement franciscain.

438. Les doctrines de saint Thomas (la matière et la forme) offrent-elles quelque appui au transformisme ou évolutionisme ?

439. Le monde peut-il être créé *ab æterno ?* Opinion de l'École franciscaine.

ACHEVÉ D'IMPRIMER

le vingt-trois septembre mil huit cent quatre-vingt-dix-huit

PAR

EMMANUEL RIVIÈRE

INGÉNIEUR DES ARTS ET MANUFACTURES

GRANDE IMPRIMERIE DE BLOIS

2, Rue Haute, 2

www.ingramcontent.com/pod-product-compliance
Ingram Content Group UK Ltd.
Pitfield, Milton Keynes, MK11 3LW, UK
UKHW022113170726
13837UKWH00003B/1192

9 782019 952044